Leyla Margarita Tobías

¡Habla Mujer!

Poemas

Editorial Santaley — Libro electrónico e impreso
Edición original, 2022
Editorialsantaley@gmail.com
Sincelejo, Colombia

ISBN: 979-8-8618-1950-3
Diseño de portada y contraportada: Hugo Noël Santander
Ferreira.
Diseño interior (edición impresa y digital): Hugo Noël Santander
Ferreira.
Originado digitalmente e impreso en USA

Índice

¡Habla Mujer! no es una orden. Tampoco un manifiesto. Es una invitación a conquistar aquello que durante siglos la poesía ha perseguido: una voz propia. La exclamación que da título al volumen no reclama la palabra como un derecho abstracto, sino como el acto mismo de la existencia; hablar no es emitir sonidos articulados, sino reclamar un lugar en el mundo, ejercer la posibilidad de ser escuchada, construir una identidad que no esté definida por la mirada del otro sino por la palabra que se profiere. Leyla Margarita Tobías es psicóloga, mujer, docente, ama de casa exiliada de su sabana sucreña en la abrupta meseta de Bucaramanga, reina de un hogar conformado por su esposo Hugo Noël y sus dos mascotas Cleopatra y Jean-Luc, en el cual celebra lo que vive y es. Así como Sylvia Plath, en su poema "Lady Lazarus", nos sumerge en las zonas de la fragilidad corporal, Leyla Margarita Tobías nos conduce a los rincones de la sensibilidad femenina con una sinceridad conmovedora; baste citar los delicados versos a la memoria de su padre Juancho:

> *y un día mi padre se nos fue*
> *como se va el sol*
> *entre encendidos colores*
> *una tarde de domingo*
> *Y nos quedamos solos con mi madre*
> *sin Juancho, el hombre más amable*
> *el que todavía la ciudad de Sincelejo*
> *recuerda con cariño*

La poesía ha sido, desde sus orígenes, el arte de nombrar lo que de otro modo quedaría sumergido en el silencio; los griegos llamaban *catarsis* a esa purificación de las pasiones que la tragedia operaba en el espectador, permitiéndole experimentar compasión y terror sin sucumbir a ellos. La obra de Tobías se inscribe en esta tradición, pero añade un matiz decisivo: su palabra no se limita a representar la experiencia femenina, sino que la constituye como un espacio de verdad y de dignidad. Platón describió la inspiración poética como un entusiasmo, un estar poseído por la divinidad que convierte al poeta en intérprete de fuerzas que lo trascienden; frente a esta visión de la poesía como rapto, la obra de Tobías propone una poesía como acto de conciencia, como trabajo sobre la experiencia que no espera la visita de la musa, sino que se construye con la materia misma de la vida. La poeta no es la sibila que profetiza desde la oscuridad, sino la mujer que, desde la claridad de su oficio, da forma a lo vivido. Santo Tomás de Aquino estableció que la belleza requiere de tres condiciones: integridad, proporción y claridad; la poesía de Tobías aspira a esa claridad como conquista, como la claridad que solo puede alcanzarse cuando la experiencia ha encontrado su forma, cuando el caos de lo vivido se ha ordenado en la arquitectura del verso.

Leyla recobra en este delicado poemario ese eterno femenino que tanto conmoviese a Goethe: la dulzura, el perdón y la comprensión innata en las mujeres.

Nobleza y valor,
Son las virtudes
De mi alma de mujer

Goethe, tal y como Kundera lo noveliza en *La Inmortalidad*, renunció a los encantos de Bettina von Arnim, una hermosa doncella obsesionada con su fama, para preservar su fidelidad a su esposa, a quien siempre amó e inmortalizó en el desenlace de *Fausto*. Del mismo modo en que el anciano mago había vendido su alma a Mefistófeles para alcanzar la comprensión de su alma inmortal, y ya arrepentido y condenado era salvado por intercesión de su amada Margarita, así Goethe era redimido de las pasiones vertiginosas que provocan los idilios de la infidelidad. Tobías guía a sus lectores por las aguas tranquilas del amor conyugal, enalteciéndolo como una entrega libre y consciente. Sus versos no entienden el matrimonio como un pacto provisional sometido al cálculo de las probabilidades, sino como la decisión de ofrecerse plenamente al otro. En una época marcada por la incertidumbre afectiva, muchas relaciones parecen escribirse con lápiz, dejando siempre abierta la posibilidad de borrar lo prometido. La poesía de Leyla se sitúa en el extremo opuesto: amar significa entregarse sin llevar la contabilidad de lo dado ni escribir cada gesto pensando en un eventual arrepentimiento futuro. Solo quien acepta esa vulnerabilidad puede descubrir la profundidad de la comunión conyugal. El amor, para Tobías, no es una inversión cuyo rendimiento deba calcularse, sino un don que encuentra precisamente en la entrega su mayor libertad.:

> *Y brillo sin cesar,*
> *luz de mil soles,*
> *Con mi esposo, astro mayor*
> *Que mereció mi Ser*

Tanto Kundera como los contemporáneos de Goethe reprochan al poeta no haber aceptado la ambrosía de una joven en los albores de su senectud; olvidan que Goethe era un gran lector de tragedias griegas desde niño, y que su dominio del francés deslumbraría al mismo Napoleón. En *De Artistas y Poetas*, prescribí que quienes leen conocen ya los libretos de la vida, y la experiencia de Goethe no era la de un simple anciano, sino la de la misma humanidad. El gran poeta teutón anticipaba en aquella tentación las congojas cantadas por Eurípides en *Hipólito*, y por Racine en *Fedra*, tragedias en cuyos versos una anciana es poseída por una lujuria que conlleva el desprecio de su esposo y las muertes de su hijastro y de ella misma; la fidelidad, sugiere Tobías a través de su ejemplo, no es una limitación sino una forma superior de libertad.

Leyla celebra el poder de la poesía para conferir forma y sentido a la experiencia, y en ese acto nos revela el secreto de una alquimia que convierte el dolor en materia compartida:

Los versos, ciertamente
son el bálsamo del tiempo
la legendaria alquimia
que transforma tu dolor en gemas

La poesía no cambia el pasado; cambia la forma en que el pasado habita en nosotros. Esa es la enseñanza que destila cada página de este libro: el verso no suprime la herida, pero la recoge, la ordena y la convierte en memoria compartida. Allí donde la experiencia cotidiana parece dispersarse en el dolor, el poema la reúne, la estructura y la ofrece como patrimonio de todos. El alivio que el lector experimenta

14

nace precisamente de ese acto de comprensión estética, de esa operación que transforma el sufrimiento privado en una forma que otros pueden reconocer y hacer suya. La poeta trabaja el lenguaje como quien trabaja un metal, forjando con el dolor una materia que ya no pertenece solo a quien la padeció, sino a la comunidad de los que saben leer.

La conexión entre la poesía de Tobías y su práctica profesional es explícita y constitutiva:

> *Tengo la experiencia*
> *De comprender almas*
> *Como psicóloga clínica,*
> *Y no me apena emprender campañas*
> *para la prevención del suicidio,*
> *eligiendo las más dulces expresiones*
> *aquellas que corresponden a una dama,*
> *rehuyendo a tan hoscas provocaciones.*

Esta elección de las "dulces expresiones" no es ingenua ni evasiva, sino que constituye una toma de posición ética y estética: la palabra áspera, hiriente, no es la única ni la más eficaz para tocar el alma del otro; la dulzura, en la poética de Tobías, no es blandura sino la forma más elevada de la verdadera firmeza. La poeta sabe que la palabra dicha en el espacio terapéutico no es la misma que la palabra dicha en la vida cotidiana; la escucha atenta, la contención, la elección del momento y el tono adecuados —todo eso que constituye el arte de la terapia— se traslada a su poesía como una ética de la palabra que no renuncia a la verdad pero la viste de la forma en que puede ser acogida.

La obra de Tobías está atravesada por la memoria de la infancia y de la familia. La elegía a su padre Juancho no es un ejercicio de nostalgia privada sino la construcción de una genealogía del amor; el padre es recordado no solo como figura familiar sino como referente comunitario:

> *Cuántos poetas, políticos*
> *que quisieron mejorar el mundo*
> *y deportistas*
> *acogía sin cobrar en sus alcobas*

Esta apertura del hogar paterno hacia el otro, esta hospitalidad que no distingue entre el amigo y el desconocido, se convierte en el modelo de una forma de estar en el mundo que la hija hereda y transforma en poesía; el hogar no es aquí un espacio cerrado de intimidad burguesa, sino un lugar de acogida, un umbral entre lo privado y lo público. Esa misma visión del hogar como espacio de hospitalidad espiritual se traslada a la relación conyugal. Para Leyla, el hogar adquiere la dignidad de un pequeño reino, es un palacio que Dios concede a cada mujer a través de su marido, lo que las convierte en reinas de imperios tan vastos como las vidas de quienes lo conforman; su visión, empero, no es convencional, sino que se adapta a las circunstancias de cada biografía, como lo es la pérdida de sus bebés, a quienes cantó en hermosos versos en su poemario *Los Espejos de la Pandemia*:

> *Y en mis brazos descansan*
> *Cleopatra y Jean-Luc,*
> *dos Boston Terrier*
> *Traviesa es Cleo, la madre,*
> *su cachorro Jean-Luc es adorable;*
> *querubines del cielo.*

La dulzura hacia las mascotas es también una virtud femenina; las mujeres desempeñaron un papel decisivo en numerosos movimientos de protección animal, y en esta sensibilidad hacia todas las formas de vida la poeta manifiesta una ética de la compasión que se extiende más allá de los límites de la especie humana.

La poesía amorosa de Tobías se aparta tanto del erotismo carnal como del idealismo platónico para instalarse en una dimensión que podríamos llamar *mística conyugal*; el amor entre la poeta y su esposo Hugo Noël se presenta como una comunidad espiritual donde el otro es a la vez fuente de inspiración y destinatario del canto.

La poesía nos representa
y viste nuestro Hogar
Engalanamos la faz de la tierra
de colores

Somos verdad
Mi esposo y yo
Abrigados por la calidez
que el martillo en su eco revela.

El amor no es aquí posesión ni dependencia, sino un espacio de crecimiento compartido. En poemas como "Hugo Noël Santander Ferreira", la poeta declara:

Mi aceptación es pura
de amor sincero y torrencial
se renueva cada día
como los lirios
que cultivas
y adornan nuestra casa

Esta imagen del amor que se renueva como los lirios que el esposo cultiva es significativa: el amor es un jardín que requiere cuidado diario, una práctica constante de atención al otro que no se agota en el primer arrebato ni se consume en la rutina, sino que florece en el tiempo gracias a la dedicación mutua.

Relata Julio César en su *Guerra de las Galias* que los belgas eran la tribu más feroz en razón de su rechazo a cualquier afeminamiento, esto es, al comercio, a los trajes, a las herramientas y a todos los instrumentos que hacen que la vida sea más cómoda, como también lo es a través de la comprensión, el perdón y la dulzura. El triunfo de la femineidad es, en efecto, aquel de la civilización, la urbanidad y el progreso, tan opuesto al rudo matoneo de la fuerza bruta y de las armas. En el *Diario de Bucaramanga* de Luis Perú de Lacroix, Simón Bolívar menciona que los ingleses son afeminados en virtud de sus buenas maneras, no necesariamente de sus intenciones; la obra de Samuel Beckett, a pesar de sus inmortales méritos, acusa cierta tosquedad rayana en la misoginia. Lamentablemente no es la poesía, sino la violencia la que aún gobierna al mundo y permite que los hombres se destruyan en guerras que prolongan la tragedia de Caín y Abel; la propuesta de Tobías va en la dirección contraria: la dulzura no es debilidad sino la forma más alta de civilización, el camino que permite resolver los conflictos sin recurrir a la violencia. En este sentido, su poesía se inscribe en la tradición de las escritoras que han visto en la palabra un instrumento de transformación social; como Sor Juana Inés de la Cruz, la monja poeta del siglo XVII,

Tobías nos invita a enmendar con nuestras letras los errores del mundo.

¡Habla Mujer! es un llamado a las mujeres a tomar sus plumas y manifestar sus sentimientos, sin reparar en las agendas poéticas impuestas por las editoriales y las facultades de literatura:

> *¡Habla Mujer!*
> *es mi clamor en cada verso,*
> *un llamado*
> *a la valentía y al sentir,*
> *invitándote*
> *a sumarte a mi universo,*
> *donde todas*
> *cantando*
> *más allá de la pena y el consuelo*
> *Existimos*

Con espíritu inquebrantable, Leyla nos recuerda que la valentía y la sensibilidad no son virtudes exclusivas de unos pocos, sino inherentes a cada mujer. Sus versos, como los de Emily Dickinson, nos invitan a mirar la tentación de la mortalidad directamente a los ojos y a encontrar la belleza en la fugacidad de la vida; las voces de los poetas son personales e invaluables, manifestación de lo divino en la tierra, tal y como Leyla canta en memorables versos:

> *Es momento de sanar,*
> *Mujer preciosa,*
> *Tu espíritu o tu biografía*
> *es una ofrenda*
> *que enaltece al Creador*

Exaltando la belleza de cada alma femenina, y con una voz que acaricia la sensibilidad de sus lectores, Leyla Tobías bruñe versos que sanan heridas, y celebra que cada mujer sea única, joya semejante al Creador que nos otorgó la vida.

> *No eres el puñal*
> *sino el caldero*
> *que alimenta*
> *a tus alejados parientes;*
> *No eres la intriga,*
> *sino la concordia*
> *que atiza*
> *la conflagración de las ofensas*
> *y enciende*
> *la hoguera del perdón.*
> *No eres la herida,*

A partir de su experiencia como psicóloga clínica, y de sus campañas para la prevención del suicidio, Leyla Margarita nos recuerda que las palabras que articulamos tienen un impacto decisivo en la vida de quienes nos rodean, y nos responsabiliza, con su uso diario, de transformar el sufrimiento que nos rodea en sanación. La búsqueda del autoconocimiento es un tema recurrente en su poesía; sus versos nos inducen a revaluar nuestro interior, a reconocer lo encantador en cada cual, y en este proceso nos convertimos en guías y heraldos de la libertad. Poemas que nos lleva a una introspección, recordándonos que las palabras que elegimos son un reflejo directo de nuestro Ser interior; el sentido de responsabilidad que conlleva la elección de cada palabra es también lo que significa ser mujer.

La dignidad de la mujer trasciende cualquier medida previa; Leyla Tobías insta a las mujeres a reconocerse no sólo como engendradoras, sino también como arquitectas de vida, portadoras, a través del diálogo y la creación poética, de esperanza para quienes las rodean.

> *En tus brazos*
> *sostengo mi Hogar,*
> *Mi gesta en tus ojos nómadas vive,*
> *Eternos*
> *tú y yo,*
> *profetas de Dios.*

Tobías nos recuerda la belleza innegable de cada nuevo día; incluso en los momentos más oscuros, la vida nos ofrece una oportunidad constante para la renovación y el resurgimiento. Como su título ya lo enuncia, ¡Habla Mujer! es una invitación a las mujeres de todas las edades y profesiones a alzar su voz y a narrar sus luchas con valentía, un hermoso canto a la feminidad que nos invita a reflexionar sobre el inmenso poder de la poesía que Leyla nos escribe. Pero este libro no habla únicamente a las mujeres; habla, en última instancia, a todo aquel que haya descubierto que la belleza puede convertirse en un camino de reconciliación consigo mismo. La poesía de Tobías no se dirige a un género, sino a la humanidad herida que anhela ser restaurada; su dulzura no es exclusiva de las mujeres —aunque en ellas encuentre su expresión más profunda—, sino una posibilidad abierta a todos los que se atrevan a habitar el mundo con la palabra y no con el puño, con el verso y no con la bala.

Soy tu Mujer, tu voz sincera,
la humanidad entera nos espera
En sus azules cielos
Cantaré tu historia,
tu verdad, nuestra esencia,
y en cada palabra,
hallarás mi amada presencia.
Y te protegeré en cada día,
con valentía,
sin más separaciones
para ser el incesante regalo
que descubran tus palabras.

¡Habla Mujer! es, en definitiva, un libro sobre el poder redentor de la palabra dicha con verdad, con dulzura y con coraje, un

libro que nos recuerda que, frente a un mundo que parece empeñado en la destrucción, la poesía sigue siendo el arte de construir puentes; frente a la guerra, la palabra; frente al odio, el perdón; frente al ruido, el silencio fértil del poema que escucha, que acoge, que nombra. Porque la poesía no concede una voz a quien no la tenía; revela la que siempre estuvo allí, aguardando el valor de ser pronunciada. Y esa es la enseñanza más perdurable de este libro: que toda mujer que encuentra su palabra no solo transforma su propia historia, sino que devuelve al mundo una forma de belleza que parecía perdida.

Hugo Noël Santander Ferreira
Sincelejo, julio de 2026

"¡Habla Mujer!"
es el libro que te entrego,
donde nuestros versos son gritos
y pétalos de rosa.

En un mundo que persiste en
guerras,
somos letras que rompen cadenas,
reescribiendo el corazón,
enalteciendo los talentos
que en cada mujer laten.

Tras morir y renacer,
en cada congoja,
en cada ilusión,
en cada maltrato,
en cada adiós,
¿no somos lapidadas
con cada crítica o desprecio?

Pero tenemos voz para anunciarlo.

¡Habla, Mujer!
es mi clamor en cada verso;
un llamado

a la valentía y al sentir,
invitándote
a sumarte a mi universo,
donde todas,
cantando,
más allá de la pena y el consuelo,
existimos
para enmendar tantos errores.

Si pasas por Sincelejo
y quieres ser amable,
pregunta por Juancho Tobías,
mi padre, el de la poeta Leyla.

Te dirán que fue muy bueno;
a todos en su hotel recibía.
El de la familia Tobías,
el más conocido
de la capital sucreña.

Si llegabas a mediodía,
un sancocho te ofrecía;
y, si en la noche,
una picada con papitas.

De él aprendí
que la amabilidad
es un capital
que jamás se olvida.

Cuántos poetas, políticos
que quisieron mejorar el mundo,
y deportistas
acogía sin cobrar en sus alcobas,
las del Hotel Panamericano.
De todos sus hermanos cuidaba.

En las mañanas, sin anuncios,
nos invitaba a salir de viaje,
a comer chicharrón con yuca en el
camino.
Mi madre, Loly, a menudo no viajaba
por cumplir sus horarios,
los de un banco
que nunca agradeció su entrega.

En mi colegio fue el padre más
asiduo.
De todos nosotros cuidaba:
de Diego, Juan, Zamira y yo.
Nunca tuvimos conflictos;
si algo le pedíamos,
nunca lo negaba.

Y un día mi padre se nos fue,
como se va el sol
entre encendidos colores,
una tarde de domingo.

Y nos quedamos solos con mi madre,
sin Juancho,
el hombre más amable,
el que todavía la ciudad de Sincelejo
recuerda con cariño.

Hoy leí que un médico
sana a enfermos de cáncer
con talleres de escritura.

¿Y cómo sanar el desprecio
que sientes al caer la tarde,
cuando tus enemigos proclaman
que no mereces vivir?

Cuando tus hojas de vida,
primorosamente impresas,
colmadas de esperanza,

son arrojadas
a una cesta
que te condena al subempleo.

El silencio y una página
te permiten conversar
con quienes fueron como tú.

La poesía es,
entre todos los géneros,
el arte más exigente;
lo es porque nace sincera.

Cuando cantas lo vivido,
cuando reúnes cada desprecio,
van cerrándose las heridas
de un pasado sin sentido.

Los versos son, ciertamente,
el bálsamo del tiempo,
la antigua alquimia
que convierte el dolor en gemas.

En cada palabra susurrada
permanece,
secretamente,
un verso.

En cada historia
que parece inconclusa,
otra historia persevera.

La poesía es un remedio;
recoge la belleza del dolor
y conduce las tristezas hacia el mar.

Para escribir tus versos,
basta leer mis verdades
y dejar que su amor te alcance.

Para sanar y renacer,
acaricia los recuerdos
que dialogan con los míos.

Por mis líneas
camina una niña
que perdió a su padre
cuando menos lo esperaba;
también otra que halló un amor
con el que funda nuevos reinos.

Deja que sus lágrimas y sus risas
resuenen también sobre tus labios,
hasta abrazar a ese ser
tantas veces olvidado.

«¿Hasta dónde llega tu paciencia?»,
preguntan los hombres cuando riñen.

Algunos solo levantan la voz;
otros te expulsan de la casa,
vencidos por la presión cotidiana,
por la inestabilidad,
por el trabajo
o por el dinero.

Tú conoces bien tus límites,
y la sociedad entera espera
que sean mayores que los suyos.

Las mujeres,
las llamadas débiles,
somos siempre las culpables.

Si es honesto, aprécialo.
Si se disculpa, perdónalo.
Conoces su corazón,
y sabrás discernir si es odio
o apenas un drama pasajero.

Que las reconciliaciones
lleguen sin demora.

No dejes
que transcurra más de un día.
No consientas el tormento
de la infidelidad
ni del hastío.

Y, si alguna vez te golpea,
no permanezcas bajo su techo.
Abandónalo con el alma rota.
Esos hombres llevan viejas heridas;
débiles caminantes que buscan
la menor excusa para destruir.

Nobleza y valor
son las virtudes
de mi alma de mujer.

Palabras fraguo
con franqueza y donaire,
con confianza y fantasía.

Mis letras son mis alegrías,
paisajes de azucenas cultivadas
que sanan antiguas ausencias.

En ellas despierta mi soledad
y nuevas letanías va cantando.

La sabiduría es la verdad;
la verdad también es sabiduría.
Lo aprendí cuando era niña,
escuchando de mis padres sus
consejos.

Tu feminidad exalta
tu dignidad y tus secretos.
Mujeres de todos los continentes,
una misma esperanza compartimos.

Espíritus fuertes,
aunque en cuerpos frágiles
habitemos.

Lenta camino;
cuando intentan apresurar mis pasos,
alego que soy una tortuguita.
¡Cuánto sufro cuando nadie me cree!

Así luchamos,
también con nuestra debilidad,
porque escapar jamás fue noble.

Radiante contemplo el sol
tras las nubes de color más gris.
Su generosidad
te hará valiente,
como valiente me hizo un día.

Auténtica soy cuando canto.
Los poetas nunca mentimos;
si alguna vez mintiéramos,
sufriríamos,
como el cervatillo frente al león,
y terminaríamos descubiertos.

Mi melodía será perdurable,
porque desbordan mis sentimientos.

Brillo cuando llegan las tinieblas;
abrazo la vida cuando duele.

Porque ser mujer, amiga mía,
también significa ser poderosa,
tejiendo los delicados días
con la colcha de retazos
que nuestras amarguras van dejando,
tantas veces en el olvido.

Es momento de sanar, mujer
preciosa.
Tu espíritu, tu propia biografía,
es la ofrenda que al Creador enaltece
desde la intimidad de cada día.

Has soportado despidos y
quebrantos;

mas siempre en tus verdades hallas
fuerza,
esas que te conceden la razón
y muestran cuán estériles son las
querellas.

Como la ira, también la vil venganza
consume cuanto toca en su camino;
tú escoges el perdón como respuesta,
y así preservas íntegro el destino.

Eres la amiga que en agravios no
repara;
enciendes el mundo al despertar;

en tu mirada firme se levanta
un baluarte imposible de quebrar.

Encarnas a reinas desterradas,
superas los obstáculos con brío,
palpitas con pasión y con ternura,
y vences cuanto impone el desvarío.

Al sanar, también sanas las heridas
de quienes se acercaron a tu abrigo;
los hombres te contemplan
admirados
por el don de perdonar sin egoísmo.

No te ahogues jamás en los elogios,
ni permitas que el desprecio te
gobierne;
dueña de ti, artífice de quimeras,
tu voluntad florece y permanece.

Celebra el aire entero tu sonrisa;
tu voz eleva vivencias hasta el cielo;
eres intelecto vivo entre los días,
admirada, jamás bajo el silencio.

Al respirar, Dios mismo te acaricia.
María ya sanó sus viejas llagas;
de ti aprendió la hondura del afecto

que vuelve fértiles las horas gastadas.

Hoy sanas, mujer firme y valerosa;
transparente es ya toda tu conciencia,
hermosa nómada de antiguas penas,
libre por fin de toda dependencia.

Auténtica, ya eres plenamente
todo aquello que debías llegar a ser;
tu historia, reconciliada con su cauce,
convierte cada paso en florecer.

Tú, Mujer

En cada decisión,
firme y decidida,
tú, mujer,
caminas con valentía,
forjando tu libertad y tu voz,
en busca de justicia y concordia.

No eres el puñal,
sino el caldero
que alimenta
a tus lejanos parientes.

No eres la intriga,
sino la concordia
que apacigua
las ofensas antiguas
y enciende
la hoguera del perdón.

No eres la herida,
sino el bálsamo
que al menospreciado restituye;
la psicóloga
que transforma vidas;
la experiencia
de una voz que sosiega.

Eres también
la defensora incansable
de la dignidad
que a toda mujer atañe.

En tus palabras
se levanta un escudo
que resguarda
y transfigura tus vivencias.

Aunque haya damas insensibles
que me increpen en grupos de
WhatsApp,
afirmando que la poesía propaga
determinadas ideologías,

he trasegado el mundo
escuchando tantas almas
como psicóloga clínica.

No me apena emprender campañas
para prevenir el suicidio,
escogiendo las expresiones más
dulces,
las que corresponden a una dama,
rehuyendo las provocaciones hoscas.

Conoces el poder
del autoconocimiento,
y en tu práctica
avivas tu verdad,
guiando a cada amiga,
herida o fatigada,
por el sendero de su sanación,
hacia su libertad.

¿Cuántas damas insensibles
atentan contra sí mismas?

Una mirada serena
vale más que un grito.
Una sonrisa,
más persuasiva
que la ironía más aguda.

En tu rostro tranquilo
se refleja la empatía del cielo.

Un abrazo inesperado,
desde la intuición de tus latidos,
es un refugio o un hogar
para mujeres extraviadas.

Herir no es de poetas.
Solo la dulzura,
tan despreciada
por siglos de reyezuelos,
militares y bandidos;
solo la dulzura,
escúchame,
redime las heridas
del espíritu que habitas
tu eternidad.

Mujer,
    escucha estas palabras de
súplica,
insondable
    es tu dignidad callada;
en tus manos se tejen vastas ciudades,

es tu voz
        la que engendra certezas diarias.

Soy Leyla Margarita,
        psicóloga y amiga,
nuestra misión, ya escrita, es domar el
mundo
que menosprecia nuestra mayor
ilusión,
la que tejimos con muñequitas de
trapo,
ser mujeres íntegras de corazón.

Con amor,
con tu apoyo
y con su compromiso,
el de quienes te aman,
escucha mi súplica como olas del
mar;
que tu voz se alce también,
        desafiante y clara,
por cada mujer abatida
que la vida arroje a tu camino.

Que tus palabras infundan
y sean valentía
para sobrevivir otro día íntegra,
hermosa,

desde niña tejes escuelas,
ya esposa a un marido; madre a tus
hijos.

En cada etapa entregas tu entereza,
en cada sacrificio muestras tu
grandeza,
que tu ejemplo sostenga estos pilares
y eleve el ánimo de quien desfallezca.

52

Desde Bucaramanga, la ciudad
que me acogió y cuyos hijos me
excluyeron,

53

extiendo mi voz desde la meseta
áspera,
como psicóloga que abraza la
humildad.

«Aquí hay gran colonia costeña —
dicen—;
han trocado acento y cadencia por
usted;
aquí se habla fuerte, son montañas,
quien no grita es débil al hablar».

Desde aquella meseta de batallas
entregué mis libros en la Alcaldía
y concursé seis veces sin descanso;
una y otra vez me rechazaron.

Por una fecha, por cualquier excusa,
entonces callé en mi silencio herido;
hoy vuelvo a hablar con el pecho
abierto,
pues muy frías son estas apacibles
montañas.

Para mis pasos sabaneros y antiguos,
en cada palabra, en cada encuentro,
en cada voz que nace del aliento,
procuro sanar el alma que padece.

Fortalezco el carácter que resiste
y el talento que en ti late y despierta,
para que brote en su propia potencia
y venza al hielo de estas cumbres
fieras.

Homenaje a la ciudad bonita

Ciudad de todos los climas,
de parques eternamente verdes,
consagrada por la fe,
donde lo ya vivido
ocurre en el presente
de poetas que te escriben,
villa de mis años conyugales.

Tus calles las recorro
en compañía de mi hombre.
Con él no siento temores;
con él tu forma es de álgidos
vocablos.

En cada edificio,
en cada plaza,
tejemos tu tradición,
con conos de nieve
en restaurantes que son hogares.

Me enseñas todos tus colores.
Cada bumanguesa
refleja tu hermoso paisaje.
La naturaleza asoma en tus terrazas,
en los perritos con que andamos.

II

Tus parques son refugio
para mi historia inquieta,
un oasis de paz
en medio
de nuestra ajetreada vida.

Hermosa, a veces dura,
tu cultura florece
en nuestros versos,
en eventos y festivales
que apaciguan nuestros miedos.

Tu gente es justa,
la quintaesencia de las buenas
intenciones,
aunque no siempre estén presentes.

Tus conspiradores
se extinguen
al paso de los justos,
y tendrás tiempos más felices
cuando cese la corrupción
que tanto ofende a los justos.

En tus calles
creamos historias y leyendas
que generaciones postreras
seguirán como caminos.

Tus monumentos y museos
nos dicen que la vida pasada
fue tan álgida como la nuestra.
La hospitalidad en ti escasea;
pero, cuando llega, es generosa.

Hugo Noël es bumangués,
y en su abrazo protector
recibo el de todas tus casas;
en él, todas tus sonrisas;
en él, toda tu franqueza,
a veces inesperada.

Un homenaje a tus guerreros,
los que destronaron imperios.
Seguiré en ti floreciendo,
mientras aceptes mis versos,
en tu meseta siempre tibia,
en el candente Girón,
en el gélido Berlín,
y en tus bosques:
los de Pan de Azúcar.

Los rayos del sol
conquistaron este día de pandemia

en la ciudad que llaman la Bonita.

Heraldos luminosos, imponentes,
del bien que las lluvias cultivan
en los días desoladamente fríos.

Desde el cénit nos acompañó la
claridad
al salir con mi adorado esposo,
Hugo Noël, y Cleopatra, mi pequeña.

Aferraditos de manos,
sin querer nunca separarnos,
entregamos nuestros libros.

¡Qué brincadeira aquella!
¡Qué emoción,
satisfechos
de confiarnos al azar!

El sol nos seguía.
Al caminar,
dejábamos una estela
de amor entre la gente.

Por las avenidas tomamos helados.
Cleopatra saltaba;
yo nunca la soltaba.

En Sucre,
tierra de compromisos ancestrales,
me llaman la Turca.

Escritora,
psicóloga
y luchadora,
plasmo en mis letras
cuanto soy
cuanto puedo llegar a ser.

Dicen que soy noble
y que mi corazón es un aljibe,
porque más dulce soy ante una
ofensa.

Y sí,
soy callada;
pero mis palabras
son ríos caudalosos,
de donde fluye
el saber de mis padres,
su ejemplo de humildad,
su fe en la justicia;
si no la del mundo,

la de Dios.

En mi pluma
las letras se entrelazan
para recrear
emociones y paisajes.

Mujer sucreña,
también santandereana,
junto al poeta que elegí.

Dicen de Leyla

Dicen de Leyla
que siempre sonríe
y que jamás discute.

Soy la serena superficie
de aguas de Siloé,
remanso ajeno a la tormenta.

En mis ademanes
habita la nobleza
de Eva,
de María,
de la Reina de Saba,
de Cleopatra, Semíramis,
de Juana de Arco
y, sobre todas,
de la Madre Tierra.

De la cálida sabana sucreña
                emergí,
donde el viento
susurra historias al pasar.

Me llaman musa
de la Sabana y la Meseta.

Mis paisajes,
mis atardeceres,
mi jardín querido,
mi esposo,

mis perros,
mi labor serena,
mi voz:
todo lo mío es poesía.

La esencia de las cosas

Soy mi musa y mi poeta,
la que inspira versos
que son sueños.

El medro de este lugar,
de las cosas,
del alba y el ocaso,
de mi empleo y de la casa,
del amor y el desengaño,
del menosprecio,
de la sanación,

es lo que escribes.

Entre las tierras
fértiles y doradas
de Sucre yo nací,
donde el sol abraza al Guacarí.

Bajo su sombra
protectora y añeja,

sus raíces las verás
enraizadas en mí.

Soy Guacarí,
hija del sol y la sabana.
Mi savia la ves en cada rama;
mi canto es la caricia de sus hojas.

Soy Guacarí,
poeta de su sacro futuro,
un árbol sabio, milenario,
que guarda historias del vivir.

En mis entrañas
guardo los aromas
de la tierra que forjó
a otras mujeres que ya son mi voz.

Ellas cantaban
bajo la luna llena,
y su canto es eco hoy
que estremece a mis oyentes.

Mi savia es vida en cada rama;
mi canto es el viento que la mece.

Soy Guacarí,
testigo soberano del pasado,

protector ancestral del paraíso,
que guarda secretos del vivir.

Bajo mi sombra
engendro sueños,
y mis raíces
son las mismas de tus rezos.

En cada hoja
hallarás mis nuevos días;
vaticino que florece
                la melodía
sobre lamentaciones.

Y cuando el tiempo
enseñe las constelaciones de mi
Hogar,
mis frutos abrazarán
al pueblo del que aprendí a soñar.

En cada una de sus ramas
he tejido plácidas memorias,
para que mis tragedias sean,
no pétalos,
sino gemas de su gloria.

Soy Guacarí,
hija del sol y la sabana.

Mi savia alimenta cada rama;
mi canto estremece sus raíces,

Soy Guacarí,
símbolo de nostalgia y porvenir,
la guardiana que jamás desprecia;
su corazón, el de ese árbol, mi raíz.

Soy Guacarí...
aliento y sufragio de mi tierra,
soy el susurro de su sierra,
soy la fuente de toda su sabana.

Coveñas

Cada vez que llego,
Coveñas me envuelve
con su manto de brillo.

Sus atardeceres
tejen un lienzo de color
sobre mi piel dorada.

También reflejo
las olas de su mar tranquilo,
el amor que habité
como mujer adorada,
en sus palmeras,
en cada rincón
donde el resto del mundo
era tan pequeño
como los cangrejos en su playa.

San Antero

Qué sencilla era nuestra vida.
Qué felices tú y yo,
a pesar de sufrir tantas persecuciones.

«¡Qué millonarios somos!», te decía.
Sonreías al recordar a tu tío,
Jaime Santander, S. J.,
que, señalando el mundo, repetía:
«Todo esto me lo ha dado Dios».

Te prometieron un trabajo por tres
años,

los sacerdotes de Ares,
y a San Antero me llevaste
a almorzar langostinos sobre el mar.

Cada fin de semana,
sobre sus arenas blancas,
me besabas.
¡Oh, delirio!

Cuánto extraño aquellos días.
Porque a los tres meses
rompieron sus promesas
y te solicitaron
que trabajaras sin salario.

Sin lamentar esa injusticia,
acudimos a Dios,
altar oculto en nuestras almas;
a la feminidad despierta de María,
una realidad,
y al inmenso poder que allí reside.

Y sobrevivimos sin trabajo,
dando clases con salario injusto
sobre las barcas del Sinú.

Hoy mis palabras son susurros,
un abrazo que clama

nuestra vuelta a San Antero,
para tejer nuevos sueños,
para dejar nuevos pasos en la arena,
para sanar nuestros destinos
con cada latido futuro.

> *Si mueres, alcanzarás el cielo;*
> *si vences, disfrutarás de la tierra*
> Bhagavad Gītā (2.37)

Soy tu mujer,
tu voz sincera.
La humanidad entera nos espera
en sus azules cielos,
si los de este mundo, ovacionados,
si los etéreos, consagrados.

Cantaré tu épica verdad,
nuestra convivencia,
si no siempre armoniosa,
invariablemente feliz.

Porque en cada palabra
que imprima mi pluma
hallarás las vetas
de mi más sincera presencia.

Y te protegeré como la tierra
que calma su estremecimiento

cada día en que sus placas
se aquietan en armonía divina
con valentía,
        sin más separaciones
como cuando fuiste a España,
para ser el incesante regalo
que estos recuerdos veneran
como en tu primer poemario
Sonetos a Leyla
sobre las playas de Tolú.

Soy esposa de Hugo,
compañero
que me comprende tanto
como yo a él.

Nos basta compartir risas,
sus riñas contra el mal,
mis anhelos de tranquilidad.

Juntos construimos
la sinceridad
que tanto escasea,
unidos por la pasión
de nuestros sueños,
de tantas despojadas noches.

Cleopatra y Jean-Luc

Y en mis brazos descansan
Cleopatra y Jean-Luc,
dos Boston Terrier.

Cleopatra, la madre,
gruñe cuando la acaricio;
reina caprichosa del hogar.
Pero, apenas cruzamos la puerta,
ama a cuantos encuentra.

Jean-Luc, en cambio,
mendiga abrazos en mis brazos;
mas, frente al desconocido,
su pequeño pecho se agiganta
y protege a los suyos.

Se disputan mi amor
como niños eternos.
En su inocencia no comprenden
cómo puedo ausentarme
de tan armoniosa manada,
un Hogar que construimos juntos
entre juegos y miradas.

Felices confían en mí,
dueños de un amor puro.
Su lealtad ilumina mis días
y me enseñan, cada instante,
que el amor tiene dos rostros:
la ternura que nos acoge
y el valor que los protege.

También
soy africana,
soy fenicia.

Soy Cartago y el Líbano,
el eco de una tierra de cedros
y un mar que conectó continentes.

Soy el Congo africano,
con tambores que laten en mi pecho,
ritmo ancestral
que nunca se apaga.

Soy las tribus zenúes,
hacedoras de canales y tesoros,
guardianas del oro
y de la tierra fértil
bajo el cielo del Sinú.

Soy los esclavos
que lloraron en silencio,
pero tejieron con su sangre y sudor
la certeza de un nuevo amanecer.

Soy los emigrantes
que cruzaron mares,
buscando un Hogar
donde sembrar sueños
en tierras que los hicieron suyos.

Soy Sincelejo,
la cuna donde los ritmos de la vida

bailan al son de gaitas y tambores.

Mi historia vive
en las plazas ardientes,
en el campo lleno de cantos
y en las tradiciones
que se alzan como bandera.

Soy la artesanía zenú,
el sombrero vueltiao
tejido de historias,
y el coraje de un pueblo
que nunca olvida sus raíces.

En mi sangre convergen caminos
de todo un continente,
y mi sangre circula
la universalidad
de los latinoamericanos.

Soy mezcla de miel y nácar,
soy oasis para adversarios,
soy pasado y soy futuro,
una sinfonía de culturas
que por mí perviven,
armonía y resistencia
que en la tarde se reúnen
en mi tacita de té.

Mi cuerpo es la punta
de un iceberg de proyectos.

Lucha, amiga lectora,
¡lucha por tus sueños!
Jamás te detengas,
no apagues tu fuego.

Este consejo te doy:
que saluden en ti
a la ternura y la pasión,
al consuelo y la claridad
en tiempos de desilusión,
cuando la sequía te rodee,
marchitando acequias,
amenazando destruir hogares,
la vida,
el universo entero.

En mis versos celebro
la gran feminidad,
predicado del amor creador.

Mi belleza,
aquella que sientes y no ves,
y mi fuerza,
la de la paciente humildad,
son los pilares
de mi dignidad.

¿Cuántos honores,
cuántos más,
hemos de merecer?

Eres firme y sutil,
como el agua y la miel.

Mi voz
no es solo mi historia;
es también
la de las mujeres que conozco,
como la luna entiende
los pesares de cada amante,
como el viento recorre las colinas
que, al acariciarlo,
lo estremecen.

Soy del mundo
que el sol enaltece al alba,

como el ave que, al cantar,
tiñe de confianza el aire,
y los transeúntes toman su canto
como un bálsamo secreto.

Y me rejuvenezco al sufrir
o bajo una buena nueva,
en la alegría o en la tristeza;
¿no es emocionarse vivir?
En suspiros fraguo mi alma,
y lloro, lloro más que nadie
al punto que no sé si mis lágrimas
son de dicha o de tristeza.
De seguro son el eco
de un perdón ya olvidado.

Autora de cuentos
que brillan
como constelaciones
en el cielo que juntos compartimos,
trazando historias
desde inolvidables alegrías
que en ruina y olvido yacen,
y congojas que, hasta hoy,
son retazos de sueño.

Hacedora de versos,
recojo con cuidado lo vivido,

incluso las palabras caídas
en la cárcel del tiempo,
liberándolas con melodías
que dan voz
a emociones nunca antes
proclamadas.

Toma mis alfombras voladoras,
tejidas con hilos de nostalgia.

En ellas comienzan los sueños,
como las nubes
que anuncian
una tormenta celebrada.

Demuestran el espíritu
que va más allá
de los muros del hastío,
saltando hacia el horizonte infinito,
donde lo vivido renace
como la novedad de la alborada.

Al final de otra jornada

Al final de otra jornada,
de incomprensión o alivio,
cuando el reloj se adormece
y el mundo guarda su aliento,
esta noche ya sabe a ti.

Sabe a mis caricias,
como un eco tibio
en el silencio de la piel.

Sabe a mis abrigos,
un abrazo invisible
que el frío no atraviesa.

Sabe a miel,
dulzura que embriaga
los labios de la memoria.

Afuera,
el viento murmura tu nombre,
tras la ventana
en que te vi partir,
donde el cristal se convierte
en un lienzo de ausencias.

Allí vuelven tus palabras,
saetas invisibles
de un cazador que nunca hiere
a inermes aves que divagan
reclamando a su parvada;
tu consuelo traspasa su sufrir.

Al oleaje de tu espuma,
la marea de tu belleza desborda,
arrastrando las rocas de mi pecho.

Eres mar y tempestad,
la calma que precede
a cada canoa que zozobra,
y el puerto que promete
un horizonte nuevo
al pescador que sobrevive.

Así, en cada casa,
en cada pecho sincero,
ocurre el regreso del ser amado,
tras vencer los problemas de otro día,
bajeles ingratos,
arrogantes remolinos,
necios arrecifes y tormentas
que asedian tu pureza.

Tarde de lluvia

De mi piel afloran tus manos,
alas en el mar que en vano surcaba.
Pronuncias «Amor»
en cada suspiro.
Despiertas mi alma.
¿Lo sabes? Miro.

Desde mi alcoba
hasta Coveñas te veo.
Regresas del trabajo,
apagas cada aprehensión;
y te siento,
sin otro deseo.

Germinan retruécanos
de dulce temblor.
Bebemos café,
leche
y miel.

Y, si en la sombra
un desprecio acecha,
la sequía en el arte
su mal cosecha.

Susurra mi respaldo,
tu flor sin peligro.
El viento la expulsa;
cruje el viejo gozne.
Si no hay dinero,
el aire jamás estrangula,
y el rocío en el parque
monedas simula.

Llega
para quienes desafían el dogma,
nuestro maná
sobre la tierra estéril.

Mis flores, calladas,
abrazan tus predios.
Ese caudal burocrático
jamás te ahoga.
Creen que son jaulas
las de esta jornada.

Renacemos
en otra feria del libro,
con nuevos lectores
en estos bohíos.
¿Qué dirán
recorriendo estos mares?

En las cañadas de mis cavilaciones
reside un universo vasto,
con desafíos y motivos,
una vida gratificante
contrasta.

Por ti y por mí
susurran cantos y alborozos,
poesía que danza en mis labios,
almas que laten,
fieles y hermosas.

Pero, entre sombras
y luces dispersas,
se alzan poetas errantes,
de ciudad en ciudad,
buscando voces
en un mundo
que olvidó sus harpas,
prefiriendo frivolidad
u olvido.

Y así,
en su inocencia de cristal,

asumen trabajos
que asedian su arte.

Docentes en línea,
en jornadas arduas,
siendo examinados
frente a pantallas frías,
por almas
que también requieren
de asistencia.

Pero su vocación
sigue latiendo,
estrellas fugaces
de un antiguo cielo,
reapareciendo
en medio del caos,
entregando lo bello
a quien los percibe,
fulgor que creen muerto
y renace.

Pues también refugio somos,
que acoge nuestros perseguidos
versos.
En secreto
los alimentamos,
les damos cobijo,

poemas
que sanan sus suspiros.

Y celebramos cada día
como feria,
descubriendo minas de gemas
en eventos pasados, radiantes
en el taller de nuestros sueños.

Mi esposo y yo,
en las entrañas del Verbo,
excavando versos
por Adán y Eva;
y yo,
que María mereció en su Ser.

De su mano
recorro las calles de Sucre,
y él acude a mi llamado...
¡Oh!
¡Por mí!

Melodía
que fue,
es
y será su amor:
transmutación.

Que el mundo vea
que él me acepta
y yo a él,
que él me ama
y yo a él,

en el destino
de todo poeta honrado.

Artesano
que incansable escribe,
vida de naciones,
continentes,
hogar
que ya es templo
en el que Dios habita.

Juntos

Juntos enfrentamos retos,
pruebas y temores,
como montañas gigantes
que desafían el embate del tiempo,
pero que,
al final,

se rinden
ante la voluntad
que las asciende.

Ciudadanos honestos,
es decir,
guerreros intrépidos,
hombros de titanio,
corazones de fuego,
forjados
en el crisol de la vida,
empujados
por la marea de las pasiones
y la necesidad de sobrevivir.

Entrelazamos
oprobio y honores,
como cuerdas invisibles
que nos atan
a la tierra y al cielo,
a la humillación
y la gloria.

El desafío de sobrevivir
es un lazo que nos ata,
más fuerte
que cualquier hierro,
una cuerda invisible

tejida de coraje,
que atraviesa nuestras venas
y nos une
a cada Ser que amamos.

Su amor
es refugio de tormentas,
delfín en mares embravecidos,
balsa que jamás se hunde
ni sucumbe
al rugir del viento.

Es la tierra firme
donde las olas del miedo
no pueden tocarnos.

Y yo,
guarida de sus luchas,
un refugio
donde el emigrante descansa,
como un árbol
que guarda en su corteza
el eco
de todas las batallas pasadas.

Soy como tantas damas
con el hombre
con quien comparten
el techo
y la comida.

O con tus hijos,
con la fuerza
que se hereda,

fuente que nunca
deja de fluir.

O con tu amiga,
quien te sostiene
como el viento
que eleva a las aves
al planear.

O contigo misma,
como una tierra
que se abraza a su raíz
y nunca se deja llevar
por la corriente.

O con Dios,
la luz
que se cierne
sobre todo lo demás,
el gran arquitecto
de tus noches y días,
quien te coloca
en el centro
de su abrazo eterno.

Nunca estarás sola,
porque en la lucha
y en el amor

somos un ejército de almas.

Y cada paso que damos,
aunque solitario,
es parte
de un viaje compartido,
donde la sombra se disuelve
ante nuestra predestinada verdad.

Cuando amas,
tu vida
es un viaje sorprendente.

Cada paso
es una aventura;
cada día,
un tesoro por descubrir.

Como diáfano manantial
que desciende de la sierra,
fluye nuestro amor al mar,
abrazando almas,
riachuelo
de ternura y entrega.

En días serenos
o en tardes grises,
que juntos seamos uno,
caras de una misma moneda,
inseparables al andar.

Cada latido de mi corazón
es un eco del suyo,
en simbiosis.

Amo a mi esposo Hugo Noël.

En cada partitura
de mi vida,
él es mi melodía,
mi canción
eterna y celestial.

Cuando amas, el tiempo se disuelve,
como reloj que su arena derrama,
y las horas se disipan y se
desintegran,
hojas de otoño que danzan en llama.

Tu corazón se vuelve sol ardiente,
palma de fuego en cada paso al ser,
un cometa que corta el cielo ardiente,
dibujando estrellas que el alma quiere
ver.

El amor se vuelve río de tinta,
que fluye en ti y en tus venas canta,

escribe sueños que el cuerpo no
pinta,
donde la piel su propio nombre
canta.

Cada latido es tambor que resuena,
como eco que en lo insondable vibra,
y, al llegar al pecho, en el pudor se
frena;
por su fuerza,
por su ritmo,
se libera.

Cuando amas, el cielo no tiene fin;
se vuelve un lienzo que pintas con
dedos,
y el sol no es esfera:
es fuego sin fin,
un ojo que arde entre los deseos.

Las montañas se hacen gigantes
callados,
susurran secretos al viento sin voz,
y las flores, tan quietas, son gritos
sagrados
que a tu oído traen ecos de Dios.

Es como si tu cuerpo fuera puente
entre los mundos, al margen del ser,
y cada paso da forma al continente
que sobre ti se alza sin perecer.

Tus palabras son jardines en desierto,
y tus besos, islas en el mar;
el amor,
un sol cuyo fin jamás veremos,
un rojo que arde y se deja amar.

Cuando amas, el universo es espejo,
reflejo que en tu iris se deshace;
el eco de su aliento es un consejo
que en su mar de sueños se
complace.

Eres el sol,
la luna,
el agua,
el fuego,
todo lo que existe y lo que no será.
En el amor te ves y te renuevo,
siendo la pregunta y la respuesta ya.

En el amor, tus sueños son cometas
que cruzan cielos de mundos que no
ves,
y de mis miradas haces betas,
esmeraldas al aire libro de la fe.

Un pajarito es la belleza

En la tierra hay encantos.

Gira el viento
con su danza de palabras,
y un pajarito
juguetea con gracia.

Revolotean sus alas
de diáfanos colores.

A la madre Naturaleza
eleva su canto imprevisto,
y en cada trino
su alma se desborda,
como la brisa
que besa mis pestañas.

Este pajarito juega
con su amiga la maceta,
de verdes hojas desbordada,
con el rocío engalanada,
tierna compañía.

Sus aleteos
son delirios eternos,
mientras el sol dibuja su silueta.

¡Oh, ave de una tarde!,
en tus colores veo el universo.
La belleza
es tu juego que perdura
y en almas sensibles germina.

Son montañas y valles
los de tu maceta,
y claman
que cante a tu belleza,
la que en ti se manifiesta
y vibra.

Mensajero de esperanza
y de dulces desvelos,
tu juego teje
un delicado instante;
tu suspiro,
tantas alegrías,
para contarnos
que existir es bello.

Hugo Noël y su esposa Leyla,
sentados en la playa,
observan la marea,
agradeciendo su felicidad,
y prometen ayudar a los demás.

Escriben incansablemente,
esforzados,
                    como tantos poetas
en mejorar el mundo.
En sus escritos el miedo acaba,
a la pobreza, a la indiferencia, a la
muerte,
a nada temen,
promoviendo la fe en el azar,
eso es, en la voluntad de Dios,
desde valores tan anhelados,
si acaso desgastados,
materia de los grandes sabios:
verdad, bondad y perdón.

Hugo y Leyla fabrican esperanza
en una era de hastío y de cinismo.
En sus amorosas páginas

hacen ya la diferencia
entre un mundo de intrigas
y una sociedad justa
y sin violencia.

Sus libros han inspirado ya
a aquellos escritores
que sobrevivían en el letargo
de solo escribir un libro
cuando hubiera compromisos.

Hugo y Leyla han publicado ya
libros sin apelar a influyentes
mecenas,
por casualidades que atribuyen a
Jesús;
allí la paz y el amor
no son meras ilusiones de poetas.

Hugo y Leyla continúan su camino,
ofreciendo una mano,
para que el mundo sea más humano,
más feliz
en cada cuarto, en cada Hogar.

Aquí
compartimos
nuestras
historias y
sanamos juntas
Taller
de
Escritura
y
Sanación
Escribe tu historia,
sana tu alma
Escribir es sanar
Me escucho
Me conecta
Me libero
Me transformo
Palabras que abrazan

Mi querida Cleo,
mi amada perrita,
tu vientre abultado
me llena de alegría.

Pronto tendremos cachorros en casa,
y tu amor
los cuidará con esa sabiduría
que solo las madres guardan.

Eres una Boston Terrier
hermosa y fiera;
con tu mirada dulce
y tu cola juguetona,
eres nuestra mayor riqueza,
y tus cachorros,
¡qué bendición tan grande!

Emocionada anticipo su llegada,
esos pequeños seres
que alegrarán nuestra morada.
querubines arrancados de sus sueños.

Y pienso en ti, mi querida Cleo,

que con amor y ternura,
les enseñarás a ser valientes
y a vivir con docilidad.

Gracias por ser tú misma,
fiel y ancestral amiga,
por alegrar nuestra vida
y por conformar con Hugo
nuestra hermosa familia.

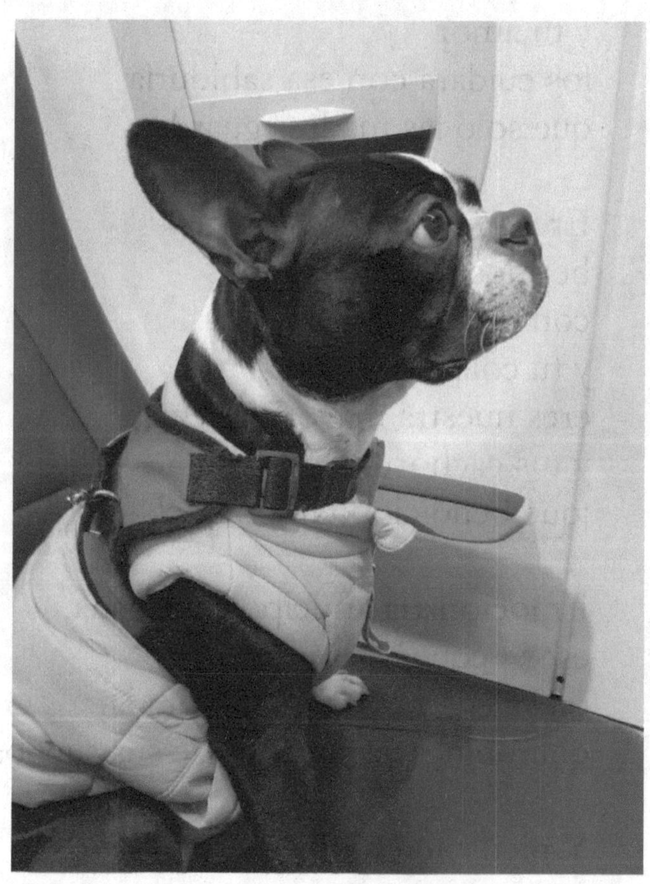

Mi amado Hugo Noël,
o, si escribirte amado
ofende a exégetas peritos,
as de mis jugadas,
reina en mi tablero,
amanuense de conciencias,
mi silencio en ti palpita;
eres otro firmamento,
mi primer centinela.

Tu amor, brisa suave o tempestuosa
que estremece mi alma,
y tu perdón,

una lluvia de papel
que señala y enjuga mis errores.

Constante noble y compasivo,
no cesas de sorprenderme
con tu capacidad
de amar y perdonar,
pues, como toda mujer,
también yerro.

Eres mi héroe,
porque te amo, sí,
no me arrepiento
de cantarte ante el futuro incierto;
mi protector,
mi confidente,
mi amigo, como siempre es
el verdadero amor en nuestras vidas,
y me siento en deuda
por el amor tan caudaloso
que me entregaste al conocerme.

En tus brazos
hallé la paz que no encontraba,
y en tu mirada,
el futuro que tanto temía,
porque juntos,
lo sé en las fibras

más sensibles de mi ser,
somos invencibles:
nada ni nadie nos detendrá.

Gracias por amarme,
aunque me digas
que el amor no se agradece.
Gracias por entender mis faltas.
Astro, alma y sol,
te amo
más allá de mi eternidad.

Suspiros de amor respiro en tu
espacio,
que ahora es el mío, y no hay
frontera.
Mis recobrados besos, ya son tuyos,
todos, desde aquella primera vez

que mi incipiente mirada, enamorada,
se posó en ti como el rocío en la
hierba.
Tus labios fueron mi primer poema,
y tu piel, el pergamino que hoy
escribo.

Cada suspiro que tu pecho eleva
lo recibo en el mío, y lo recuerdo
como el viajero que vuelve a su
puerto.
Mas no hay retorno que no sea tu
pecho,

ni beso que no ruede hacia tu
nombre,
desde aquel día en que te vi y supe

que mi espacio era el tuyo ya
presente.

que mi canto aprenda a tuyo se
present

Deseos de ti me embriagan

Deseos de ti me embriagan, y mi
pecho
se alza en olas que braman tu
nombre.
Mi razón late si te alejas; late
como animal que su caverna añora.

Amor sin tesis ni antítesis, magma
que no precisa de argumento alguno,
puro como la savia que asciende
por el tronco del árbol en enero.

Mas cuando vuelves, todo se aquieta,
y el deseo se trueca en mansedumbre,
como la lava del Vesubio, ardiente,

que sepulta o renueva los imperios.
No hay ciencia que descifre esta
costumbre:
ser tuya y que tu ausencia me
consuma.

En tus brazos sostengo mi Hogar

Suspiros de amor respiro,
En tu espacio, el mío,

Mis dulces besos que son tuyos,
Ruedan desde el alba al río.

Como el sabio que en su celda
conquista libros olvidados,
mis pensamientos, como huellas,
quedan en tus labios quedos.

En cada letra, en cada verso,
revelo mi pasado, mis faltas,
como el estudiante decidido
a leer noches en calma.

En tus brazos
sostengo mi Hogar,
Mi gesta en tus ojos nómadas vive.
Eternos
                tú y yo,
profetas de Dios.

Te encuentro, amor, en libros,
donde poetas ven su alma,
en la tinta, en cada signo,
donde mi mente se desarma.

Mi amor por ti prosigue,
en la tinta de tus líneas.

El silencio de tu aula es dulce,
como tus ojos al mirarme.

¡Oh, poeta que inspira
mis más fervientes invenciones;
en cada beso eres entrega
obsequio de mi devoción constante!

Compañero de mi piel, en tus brazos,
Eres la casa que habitan mis delirios,
cómo entre sus muros renazco y me
abalanzo,
cual río impetuoso que a su lecho
deja.

Hugo y Leyla, con manos
entrelazadas,
tomamos la vida en su destilación
divina,
palabras que retraídas danzan,
sin que la edad las nuble o apresure.

Conquistamos otro día con víveres
del campo,
como caballeros de tiempos
medievales,
traes la caza y preparamos cenas,
consintiendo nuestras mascotas,
jugando con nuestros eléctricos
esclavos:
un televisor, un ordenador, y libros.

Amor comprometido, nuestro edén
de piedra,

128

sin otra moraleja que cancelar sus
deudas,
como un juramento eterno,
entrelazado,
que a cada mes, su obligación integra.

Amar no es solo verbo, es esta vida,
allí la obediencia y la fe al Creador,
en tu trabajo, en esos recibos
que hacen de nuestra casa alcázar.

Así, en nuestra unión, por
imaginación sencilla,
desplegamos mundos que desafían
la aspereza del que los noticieros
hablan,
otra entrega de ajenos desafíos,
rumores de batallas que no nos
atañen
en la eternidad que nuestra fe
despliega.

Docente de nueve naciones, sabio,
dramaturgo, actor, políglota, guía;
diriges honesto cada travesía,
de las letras maestro de astrolabio.

Celebro en mi vida tu retorno,
pues quiso Dios ante la mar unirnos
a ti, que por rechazar cada soborno
dejó que brotaras entre espinos.

Tus ideas son las vanguardias plenas,
mi amor tu moda, tus ideas mi frente,
a cada amanecer rompes cadenas.

Los lirios con que engalanaste a
Muerte
enaltecen nuestro hogar con paz
suprema;
contigo eterno amor, mi bien, mi
suerte.

De viaje

Al fin de otra noche memorable
cuando el sol despuntaba sobre el
cielo
partimos de viaje
por las tierras amarillas de Guane
despidiendo nuestro Mazda 2005
antes de venderlo
    para que Hugo viajase a
Europa
en busca de un empleo estable,
tras la crisis de la pandemia,
que le permitiese continuar creando
obras que atestiguan su fe en el
Creador
en Dios, en la bondad, en el amor.

¡Cuánto nos deleitan
estos días!
Hugo terminó su conferencia.
Yo lo esperaba
con las rosas
rojas y amarillas
que anteayer me entregó
y con una cena
que emocionada preparé

132

con sortilegios de amor
que se hicieron realidad.

Divina Creación

Divina creación,
saltas ante mis ojos
en todo tu esplendor.
En tus frondosos bosques
late toda la humanidad.

Contemplarte es una fiesta
desde nuestra villa sencilla,
entre senderos y sonrisas,
de manos entrelazadas
por un amor de entrega;
de platos suculentos
servidos al mediodía.

Hoy fue lomito al vino;
ayer, aceitunas y queso,
agua fresca y verduras.

Pero más allá
de los efímeros sentidos,
es el tiempo compartido:
la sombra de los árboles,
la brisa entre las hojas,
los pájaros que cantan

mientras tu viento danza
y los caminos
que en virtud del equilibrio
que cuidas en nuestra mente
en cada astro de tu creación,
                    nos sonríen.

La poesía nos representa

La poesía nos representa,
y viste nuestro Hogar,
como la fragua de Toledo,
donde el acero empieza a cantar.

Engalanamos la faz de la tierra,
de colores que brillan, ardientes,
como Hugo, maestro en su yunque,
forjando versos que son nuestros
cimientos.

Somos manantial de la verdad
Mi esposo y yo
Abrigados por la calidez
que el martillo en su eco revela,
manos que dan forma a una palabra,

A todo aquel que nos conozca,
que sienta en sus venas nuestro
sentir,
entregamos felicidad y poesía,
y por felicidad entendemos bendición
y por poesía acabada perfección:
felicidad y poesía es la belleza

ese fuego que crepita e hipnotiza
esos latidos que por no cesar
asombran.

En la fragua de nuestros días,
forjamos el castellano,
fundiendo odas que antes solo eran
celebradas en muertos idiomas, ya
lontanos.

Somos forjadores de sueños y de
arte,
y en cada verso nuestro se deja ver
la huella de Toledo, crisol que canta,
aceros que fundidos volvemos a
escribir.

En el interior de mi corazón,
persistes como un reloj de sol,
con desafíos que mi era ignora,
y motivos que despide el aire.

Es la revolución que nunca llegó,
un sueño marchito en las entrañas del
tiempo;
cuando el sol parece despertar,
un Delfín lo devora con mezquindad.

La ilusión, aún sin rendirse,
se convierte en un eco lejano,
como la fragua que fundió ideales,
mas la espada traidora la extingue.

El pueblo se alzó con un grito firme,
como en la Revolución de antaño;
pero sus voces se ahogaron en el
ruido
de la corona que Napoleón ciñó a sí
mismo.

¡Qué gratificante es ver caer un
sueño,

138

cuando al final solo queda el polvo
de promesas vacías y muros rotos,
y la tiranía devora al pueblo!

Motivar un día más, como un pez
que nada contra la corriente impía,
es ver cómo el anhelo se ahoga
en las aguas turbias de un siglo
indolente.

Cánticos y alborozos se desvanecen,
como la Revolución que olvidó su
fin;
y el poeta, huérfano entre las
sombras,
grita su verdad, que el mundo ya no
oye.

Así, el interior de mi ilusión viaja,
aunque los siglos 20 y 21 lo
deformen;
y aunque el futuro se empeñe
en arrastrarnos, mi pluma aún resiste.

La primavera en Santander

En donde vivo
no existen estaciones,
dicen.
Pero no es cierto.

La primavera
en Santander es eterna,
y la verás
en cada lirio que florece,
en cada hoja que asoma,
cándida, protegida del viento,
desde las terrazas de sus casas,
las de sus pueblos y ciudades.

Aquí la primavera
es la danza alegre de las aves,
es la energía embriagante de mis
besos.

¿Por qué lo amo?
Me preguntan,
y yo les digo
lo que a él le digo:

Eres irrepetible,
bello y cariñoso;
trabajas sin cesar
mientras cuido de la casa.

Y a menudo me sorprendes
preparando un borsh,
una pasta boloñesa
o una tortilla de jamón.

No me permites
fregar los pisos,
pues dices que mis manos
son las de tu reina.

Y sacas a pasear a la perrita Cleo
dos o tres veces al día.

Cuando teníamos auto,
nos llevabas a Girón
a comer raspado,

o a Floridablanca
a degustar obleas.

¡Cuán dura es tu ausencia!
Tu regreso es mi alegría.

Siempre confiado en tu destino,
trabajas hoy
como docente en España.

No te descorazones
si el mundo es injusto.

Te repito:
algún día,
esposo mío,
te lo dice
la sibila de Sucre,

tus sinceras palabras, en libros,
serán leídas por doncellas y sabios,
y aquellos que te persiguieron
enaltecerán con sus piedras tu
triunfo.

Gracias
por tus halagos
a mis primeros poemas,
Una madrugada fugaz.

Es hermoso
y poderoso
reconocer y celebrar
la ternura y el espíritu
de todas las mujeres
del mundo.

Las mujeres somos fuertes,
valientes
e increíblemente resistentes.

Cada una
tiene una historia
y un poder particular.

Siempre diré
que es importante
abrazar la voz de la verdad,
que es la de tu conciencia,

la de tu espíritu, la de Dios,
y cultivar la ternura
en nuestro interior.

Agradezco
con mi voz la tuya,
y te animo,
en nuestras fugaces vidas,
a reconocerte aún más,
apreciando,
sin dejos de sarcasmo,
a todas las mujeres
que engalanan nuestro alrededor.

Mi abuelita Zoila

Se engalanaba con sutil primor
para la misa de cada jornada;
su abanico de seda desplegaba,
y Tolú la miraba con amor.

En su inmensa casa, patio sagrado,
los camaleones y gatos danzaban,
celebrando su mano generosa,
su caridad que el cielo iluminaba.

La esperaba el cochero en su
carruaje,
bicicleta que al Caribe preservó,
y, entre risas y calles de leyenda,
Tolú entero su paso veneró.

La catedral, vestida de pureza,
abría el coro a su fiel autoridad.
Mujer piadosa, vigía del sacerdocio,
su palabra era la de la Biblia.
su fuerza y primorosa lealtad.

Hoy el tiempo, con paso traicionero,
le ha velado los días de esplendor,

y, aunque olvida que el mundo fue su
reino,
en su mirada guardo eterna su
ternura.

Sus hijos y sus nietos la acompañan,
sosteniendo sus manos con bondad,
y, en su gran obra, Zoila, tan amada,
sigue siendo la niña del Creador.

Abuelita Edith, de corazón y de
júbilo alegre,
tu sonrisa ilumina el alma, siempre
fuerte y valiente.
Con vallenatos y rancheras te haces
sonrojar;
elegante y perfumada, nos enseñas a
amar.

Siempre tan bella, con tu naturaleza
tan pura,
perfume en el aire, como una
dulzura.
La música suena, y tú te emocionas;
vallenatos y rancheras te roban la
corona.

Te gusta la comida caliente de la
calle,
sabores sencillos que ayer y hoy
disfrutas.
Hugo y Leyla, siempre a tu lado;
en la casa te amamos, como nunca
olvidada.

Con música en el alma y amor entre
tus manos,
abuelita, eres nuestra inspiración.
Con tus nietos, siempre presente,
tu risa contagia y es tan elocuente.

Abuelita Edith, de corazón y de
júbilo alegre,
tu sonrisa ilumina el alma, siempre
fuerte y valiente.
Con vallenatos y rancheras te dejas
sonrojar;
elegante y perfumada, nos enseñas a
amar.

Despedida

Gracias
por tu amable lectura.
Aprecio tus horas conmigo.

Mi esfuerzo es cada verso
y mi ofrenda, el sentimiento
que compartimos juntos.

Quiero ser tu amiga,
anticipar tus expectativas,
ser sensible ante las injusticias
que vivimos sin querer vivirlas.

Eres importante para mí,
aunque jamás te conozca,
pues me impulsaste a luchar
por lo que creí valedero
he elegido siempre lo correcto.

Si alguna vez me necesitas,
y estoy viva,
escríbeme un poema,
o una carta,
o un mensaje.

También,
como tú,
estaré aquí para escucharte.

9 798861 819503